okul - škola	2
seyahat - cesta	5
ulaşım - transport	8
şehir - město	10
arazi - krajina	14
restoran - restaurace	17
süpermarket - supermarket	20
içecekler - nápoje	22
yemek - jídlo	23
çiftlik - usedlost	27
ev - dům	31
oturma odası - obývací pokoj	33
mutfak - kuchyně	35
banyo - koupelna	38
çocuk odası - dětský pokoj	42
kıyafet - oblečení	44
ofis - kancelář	49
ekonomi - hospodářství	51
meslekler - povolání	53
aletler - nářadí	56
müzik enstrümanı - hudební nástroje	57
hayvanat bahçesi - zoo	59
sporlar - sport	62
etkinlikler - aktivity	63
aile - rodina	67
vücut - tělo	68
hastane - nemocnice	72
acil - urgentní případ	76
dünya - země	77
saat - hodiny	79
hafta - týden	80
yıl - rok	81
şekiller - tvary	83
renkler - barvy	84
zıt anlamlılar - protiklady	85
sayılar - čísla	88
diller - jazyky	90
kim / ne / nasıl - Kdo / co / jak	91
nerede - kde	92

Impressum
Verlag: BABADADA GmbH, Nedderfeld 112 , 22529 Hamburg
Geschäftsführer / Verlagsleitung: Harald Hof
Druck: Books on Demand GmbH, In de Tarpen 42, 22848 Norderstedt

Imprint
Publisher: BABADADA GmbH, Nedderfeld 112 , 22529 Hamburg, Germany
Managing Director / Publishing direction: Harald Hof
Print: Books on Demand GmbH, In de Tarpen 42, 22848 Norderstedt

okul
škola

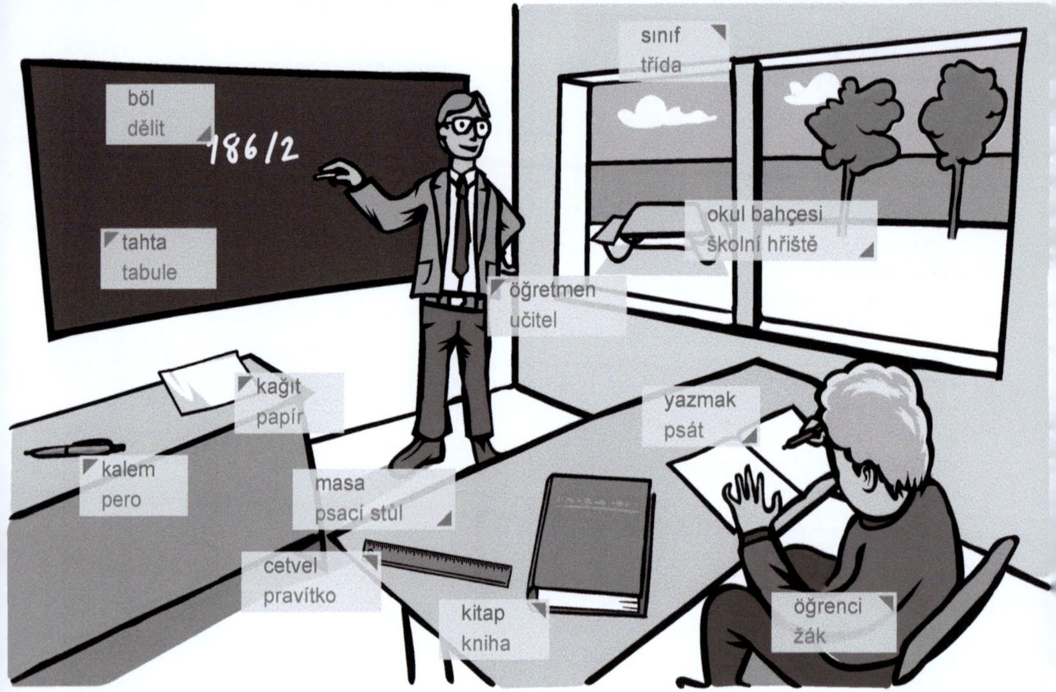

sınıf
třída
böl
dělit
186/2
tahta
tabule
okul bahçesi
školní hřiště
öğretmen
učitel
kağıt
papír
yazmak
psát
kalem
pero
masa
psací stůl
cetvel
pravítko
kitap
kniha
öğrenci
žák

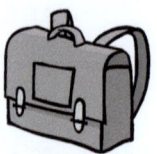

okul çantası
aktovka

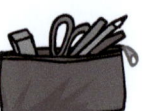

kalemlik
penál

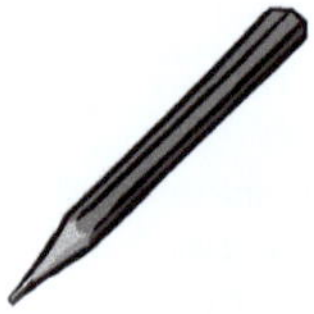

kurşun kalem
tužka

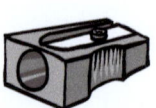

kalem açacağı
ořezávátko

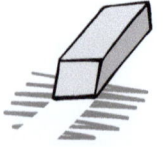

silgi
guma

çizim defteri
blok na kreslení

çizim
výkres

resim fırçası
štětec

boya kutusu
malířské potřeby

makas
nůžky

tutkal
lepidlo

alıştırma kitabı
cvičebnice

ödev
domácí úkol

12

sayı
počet

2+2

ekle
sčítat

5-2

çıkar
odčítat

2×2

çarp
násobit

hesapla
počítat

harf
písmeno

ABCDEFG HIJKLMN OPQRSTU VWXYZ

alfabe
abeceda

kelime
slovo

metin

text

okumak

číst

tebeşir

křída

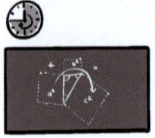

ders

hodina

kayıt

třídní kniha

sınav

zkouška

sertifika

vysvědčení

okul forması

školní uniforma

eğitim

vzdělání

ansiklopedi

encyklopedie

üniversite

univerzita

mikroskop

mikroskop

harita

karta

kağıt çöp kutusu

odpadkový koš na papír

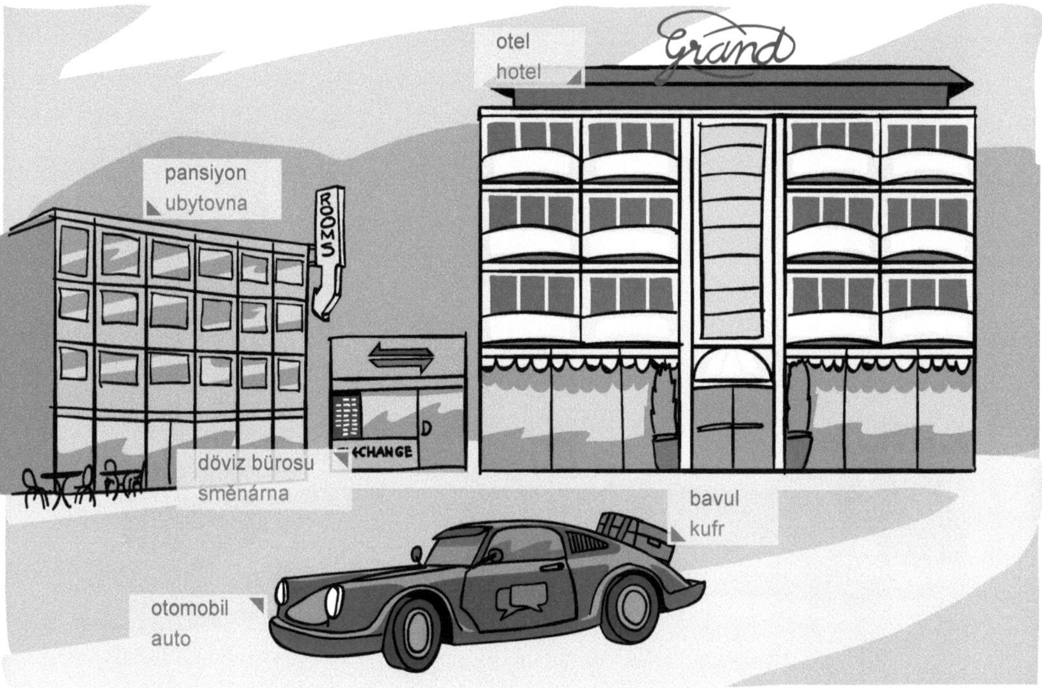

otel
hotel
Grand
pansiyon
ubytovna
ROOMS
döviz bürosu
směnárna
EXCHANGE
bavul
kufr
otomobil
auto

dil
jazyk

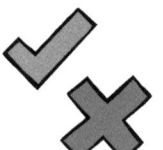

evet / hayır
ano / ne

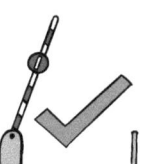

Tamam
oukej

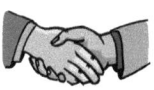

merhaba
Ahoj!

çevirmen
překladatel

Teşekkür ederim
děkuji

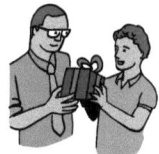

bu ... ne kadar?

Kolik stojí...?

anlamadım

nerozumím

problem

problém

İyi akşamlar!

Dobrý večer!

Günaydın!

Dobré ráno!

İyi geceler!

Dobrou noc!

güle güle

na shledanou

yön

směr

bagaj

zavazadlo

çanta

taška

sırt çantası

batoh

misafir

host

oda

pokoj

uyku tulumu

spací pytel

çadır

stan

turist danışma

turistické informace

sahil

pláž

kredi kartı

kreditní karta

kahvaltı

snídaně

öğle yemeği

oběd

akşam yemeği

večeře

Bilet

jízdenka

asansör

výtah

pul

poštovní známka

sınır

hranice

gümrük

clo

elçilik

poselství

vize

vízum

pasaport

pas

ulaşım
transport

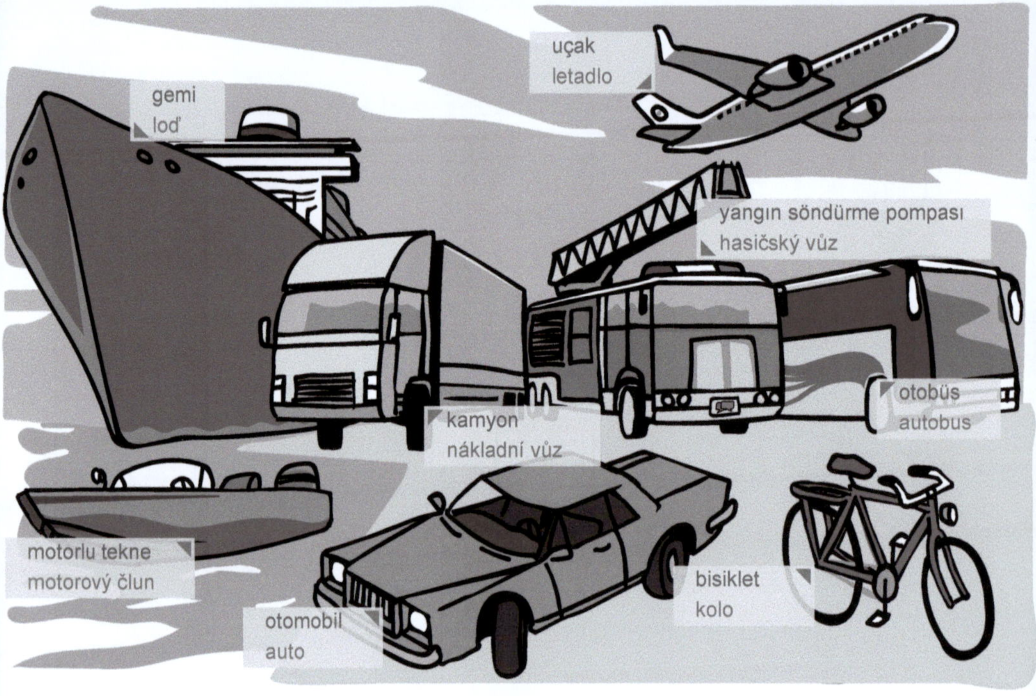
uçak
letadlo
gemi
loď
yangın söndürme pompası
hasičský vůz
otobüs
autobus
kamyon
nákladní vůz
motorlu tekne
motorový člun
bisiklet
kolo
otomobil
auto

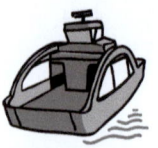

feribot

přívoz

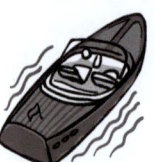

bot

člun

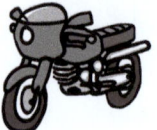

motosiklet

motorka

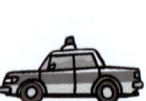

polis arabası

policejní auto

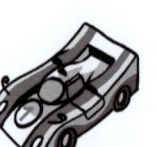

yarış arabası

závodní auto

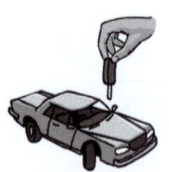

kiralık araba

pronajaté auto

ortak araba
sdílení aut

çekici
odtahová služba

çöp kamyonu
popelářský vůz

motor
motor

yakıt
palivo

benzinlik
čerpací stanice

trafik işareti
dopravní značka

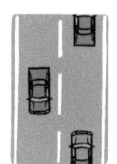

trafik
doprava

trafik sıkışıklığı
dopravní zácpa

otopark
parkoviště

tren istasyonu
vlakové nádraží

ray
koleje

tren
vlak

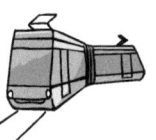

tramvay
tramvaj

vagon
vagón

helikopter

helikoptéra

havaalanı

letiště

kule

věž

yolcu

pasažér

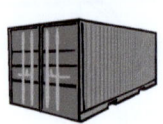

konteyner

kontejner

koli

kartón

yük arabası

trakař

sepet

koš

kalkış / iniş

vzlétnout / přistát

şehir

město

köy

vesnice

şehir merkezi

střed města

ev

dům

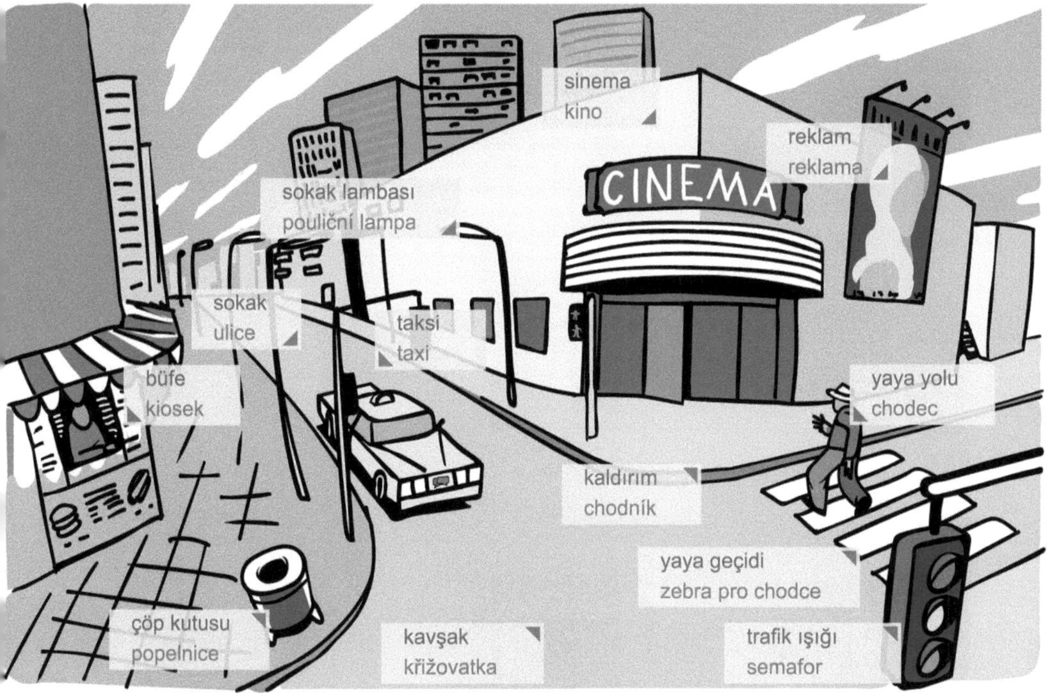

sinema
kino

reklam
reklama

sokak lambası
pouliční lampa

sokak
ulice

taksi
taxi

büfe
kiosek

yaya yolu
chodec

kaldırım
chodník

yaya geçidi
zebra pro chodce

çöp kutusu
popelnice

kavşak
křižovatka

trafik ışığı
semafor

CINEMA

kulübe
chata

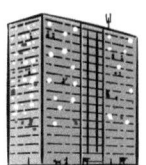

apartman dairesi
byt

tren istasyonu
vlakové nádraží

belediye binası
radnice

müze
muzeum

okul
škola

üniversite
univerzita

banka
banka

hastane
nemocnice

otel
hotel

eczane
lékárna

ofis
kancelář

kitapçı
knihkupectví

mağaza
obchod

çiçekçi
květinářství

süpermarket
supermarket

market
tržnice

büyük mağaza
obchodní dům

balık satıcısı
rybárna

alışveriş merkezi
nákupní centrum

liman
přístav

park

park

bank

lavička

köprü

most

merdiven

schody

metro

metro

tünel

tunel

otobüs durağı

autobusová zastávka

bar

bar

restoran

restaurace

posta kutusu

poštovní schránka

sokak tabelası

pouliční tabule

otopark sayacı

parkovací hodiny

hayvanat bahçesi

zoo

yüzme havuzu

plovárna

cami

mešita

çiftlik

usedlost

kirlilik

znečišťování životního prostředí

mezarlık

hřbitov

kilise

církev

oyun alanı

hřiště

tapınak

chrám

arazi
krajina

yaprak
list

yön tabelası
rozcestník

yol
cesta

çayır
louka

taş
kámen

ağaç
strom

yürüyüşçü
turista

ırmak
řeka

çimen
tráva

çiçek
květina

vadi

údolí

tepe

hora

göl

jezero

orman

les

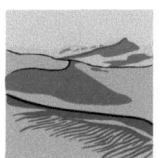

çöl

poušť

volkan

sopka

kale

zámek

gökkuşağı

duha

mantar

houba

palmiye

palma

sivrisinek

komár

sinek

moucha

karınca

mravenec

arı

včela

örümcek

pavouk

böcek

brouk

kurbağa

žába

sincap

veverka

kirpi

ježek

yabani tavşan

zajíc

baykuş

sova

kuş

pták

kuğu

labuť

yaban domuzu

divoké prase

geyik

jelen

geyik

los

baraj

přehrada

rüzgar türbini

větrné kolo

güneş paneli

solární panel

iklim

podnebí

restoran
restaurace

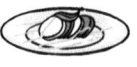

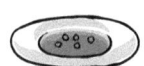

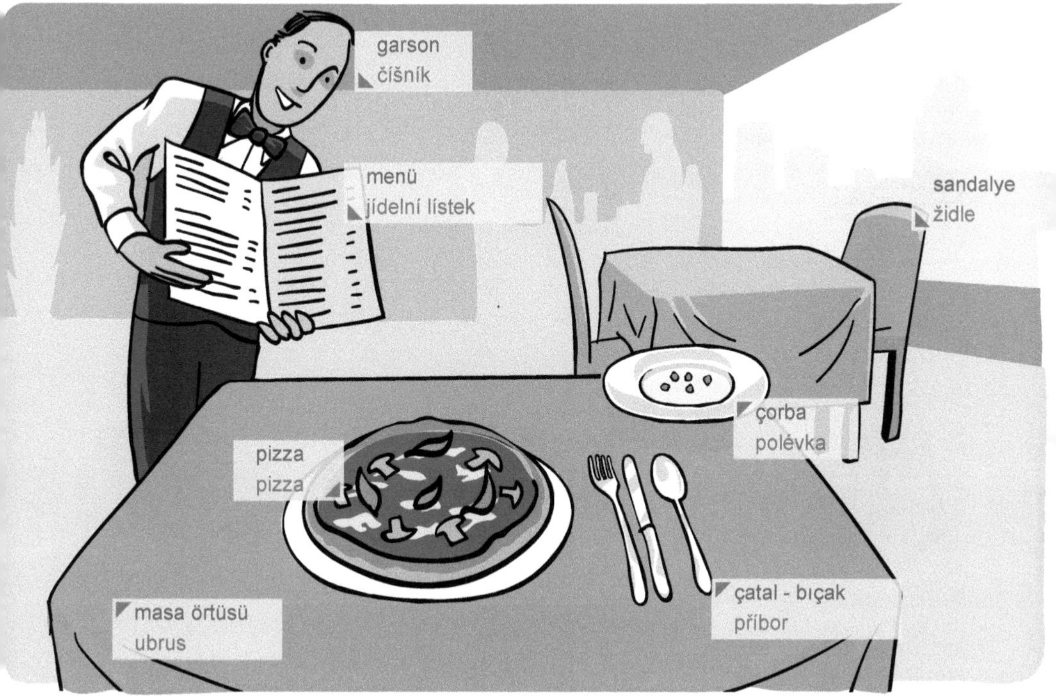
garson
číšník
menü
jídelní lístek
sandalye
židle
çorba
polévka
pizza
pizza
masa örtüsü
ubrus
çatal - bıçak
příbor

başlangıç
předkrm

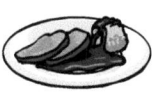

ana yemek
hlavní chod

tatlı
dezert

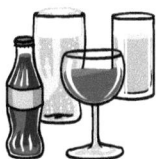

içecekler
nápoje

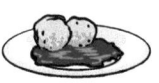

yemek
jídlo

şişe
láhev

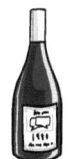

fastfood

rychlé občerstvení

sokak yemeği

pouliční občerstvení

çaydanlık

čajová konvice

şekerlik

cukřenka

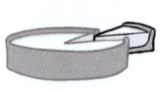

porsiyon

porce

espresso makinesi

kávovar na espresso

mama sandalyesi

dětská stolička

fatura

faktura

tepsi

tác

bıçak

nůž

çatal

vidlička

kaşık

lžíce

çay kaşığı

čajová lyžička

servis peçetesi

ubrousek

bardak

sklenička

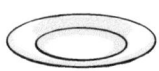

tabak
talíř

çorba kasesi
talíř na polévku

fincan altlığı
podšálek

sos
omáčka

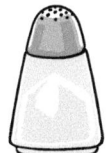

tuzluk
slánka

karabiber değirmeni
mlýnek na pepř

sirke
ocet

yağ
olej

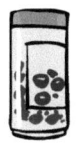

baharat
koření

ketçap
kečup

hardal
hořčice

mayonez
majonéza

süpermarket

supermarket

özel teklif
nabídka
FOR
müşteri
zákazník
süt ürünleri
mléčné výrobky
meyve
ovoce
alışveriş arabası
nákupní vozík

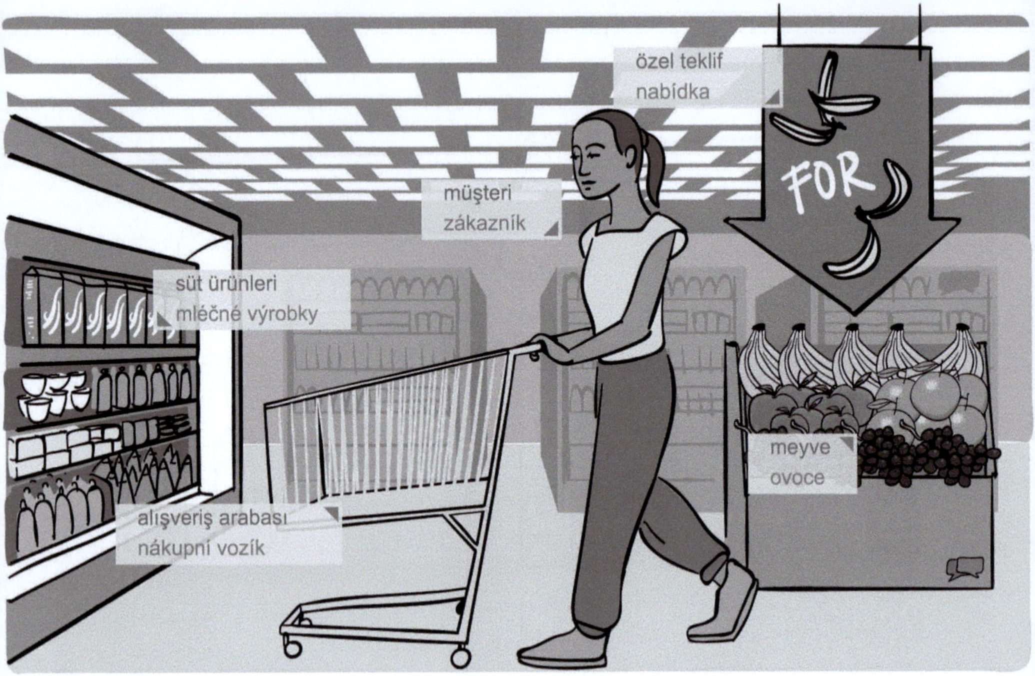

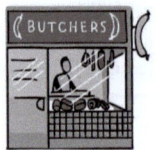

BUTCHERS

kasap

masna

BAKERY

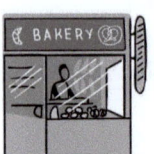

fırın

pekařství

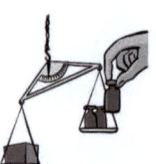

tartmak

vážit

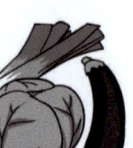

sebze

zelenina

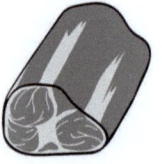

et

maso

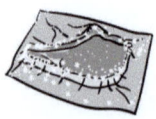

donmuş gıda

mražené potraviny

söğüş et

obložený talíř

konserve yiyecek

konzervy

toz deterjan

prací prášek

şekerlemeler

cukrovinky

ev temizlik ürünleri

výrobky pro domácnost

temizlik ürünleri

čisticí prostředek

satış görevlisi

prodavačka

yazar kasa

pokladna

kasiyer

pokladní

alışveriş listesi

nákupní seznam

açılış saatleri

otevírací doba

cüzdan

peněženka

kredi kartı

kreditní karta

çanta

taška

plastik poşet

igelitová taška

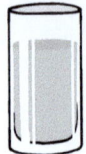

su

voda

meyve suyu

džus

süt

mléko

kola

kola

şarap

víno

bira

pivo

alkol

alkohol

kakao

kakao

çay

čaj

kahve

káva

espresso

espresso

kapuçino

kapučíno

muz

banán

elma

jablko

portakal

pomeranč

kavun

meloun

limon

citrón

havuç

mrkev

sarımsak

česnek

bambu

bambus

soğan

cibule

mantar

houba

çerez

ořechy

makarna

těstoviny

spagetti

špageti

pirinç

rýže

salata

salát

cips

hranolky

patates kızartması

americké brambory

pizza

pizza

hamburger

hamburger

sandviç

sendvič

şinitzel

řízek

pastırma

šunka

salam

salám

sosis

salám

tavuk

kuře

rosto

pečeně

balık

ryby

yemek - jídlo

yulaf ezmesi

ovesné vločky

müsli

müsli

mısır gevreği

vločky

un

mouka

kruvasan

croissant

küçük ekmek

houska

ekmek

chléb

tost

toast

bisküvi

sušenky

tereyağı

máslo

kaymak

tvaroh

kek

buchta

yumurta

vejce

sahanda yumurta

volské oko

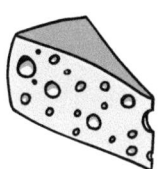

peynir

sýr

dondurma

zmrzlina

şeker

cukr

bal

med

reçel

marmeláda

fındık ezmesi

nugátový krém

köri

kari

çiftlik
usedlost

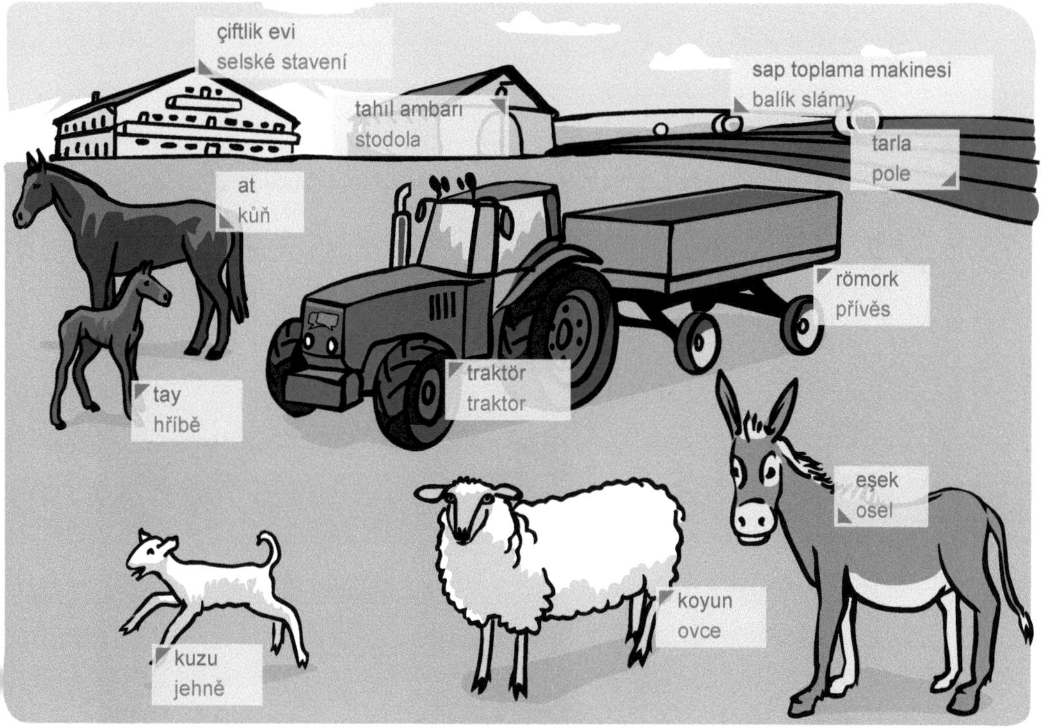

çiftlik evi
selské stavení
tahıl ambarı
stodola
sap toplama makinesi
balík slámy
tarla
pole
at
kůň
römork
přívěs
tay
hříbě
traktör
traktor
eşek
osel
koyun
ovce
kuzu
jehně

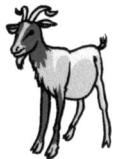

keçi
koza

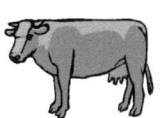

inek
kráva

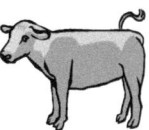

buzağı
tele

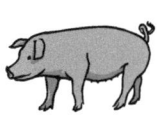

domuz
prase

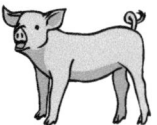

domuz yavrusu
sele

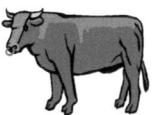

boğa
býk

kaz

husa

ördek

kachna

civciv

kuře

tavuk

slepice

horoz

kohout

sıçan

krysa

kedi

kočka

fare

myš

öküz

vůl

köpek

pes

köpek kulübesi

psí bouda

bahçe hortumu

zahradní hadice

sulama kabı

kropicí konev

tırpan

kosa

pulluk

pluh

orak

srp

çapa

motyka

dirgen

vidle

balta

sekera

el arabası

kolecko

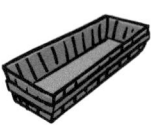

yemlik

koryto

süt kovası

konev na mléko

çuval

pytel

çit

plot

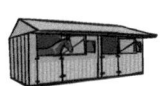

ahır

stáj

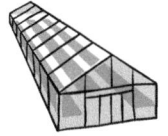

sera

skleník

toprak

půda

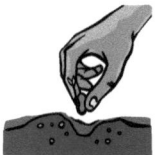

tohum

osivo

gübre

hnojivo

biçerdöver

kombajn

hasat etmek

sklidit

harman

sklizeň

tatlı patates

smldinec

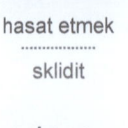

buğday

pšenice

soya

sója

patates

brambora

mısır

kukuřice

kolza

řepka

meyve ağacı

ovocný strom

manyok

maniok

hububat

obilí

baca
komín

çatı
střecha

yağmur oluğu
okap

pencere
okno

garaj
garáž

kapı zili
zvonek

kapı
dveře

çöp kutusu
popelnice

posta kutusu
dopisní schránka

bahçe
zahrada

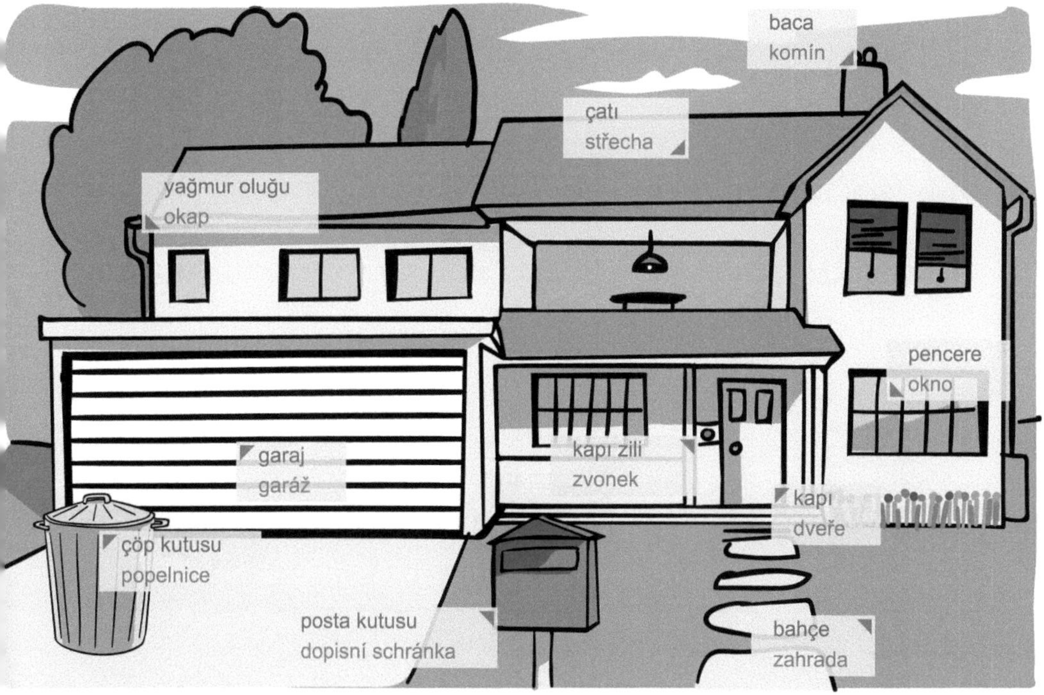

oturma odası

obývací pokoj

banyo

koupelna

mutfak

kuchyně

yatak odası

ložnice

çocuk odası

dětský pokoj

yemek odası

jídelna

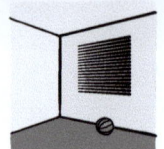

zemin
podlaha

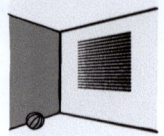

duvar
zeď

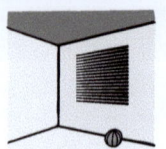

tavan
deka

kiler
sklep

sauna
sauna

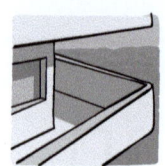

balkon
balkón

teras
terasa

havuz
bazén

çim biçme makinesi
sekačka na trávu

çarşaf
ložní prádlo

yatak örtüsü
lůžková přikrývka

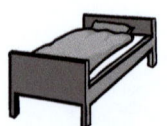

yatak
postel

süpürge
smeták

kova
kýbl

anahtar
vypínač

oturma odası
obývací pokoj

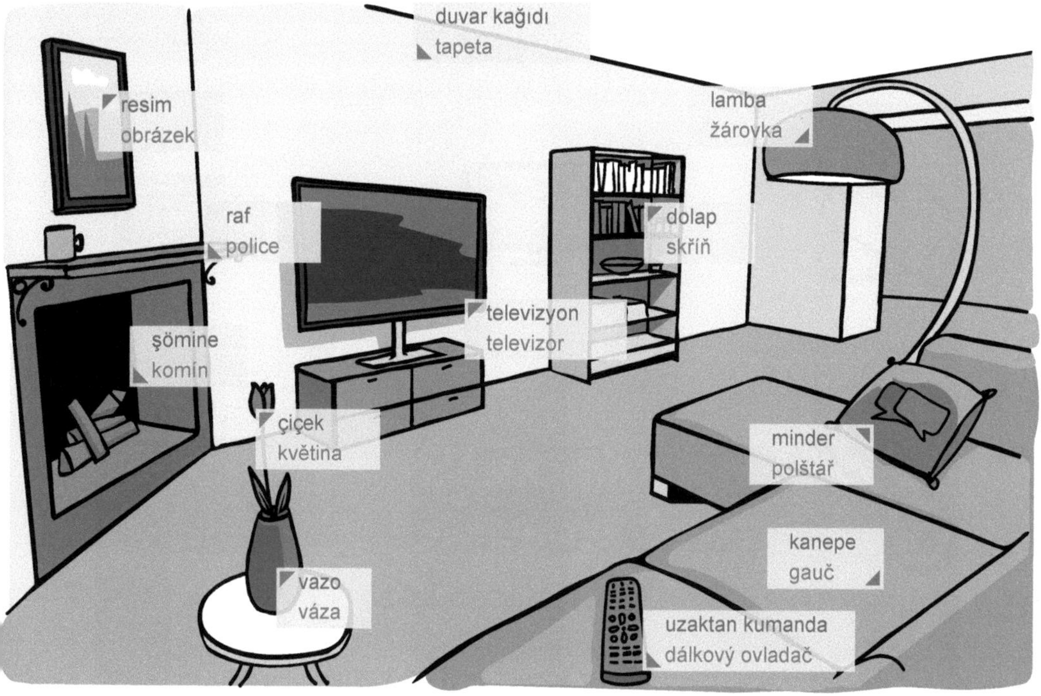
duvar kağıdı
tapeta
resim
obrázek
lamba
žárovka
raf
police
dolap
skříň
televizyon
televizor
şömine
komín
çiçek
květina
minder
polštář
kanepe
gauč
vazo
váza
uzaktan kumanda
dálkový ovladač

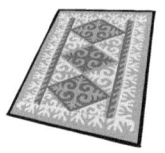

halı
koberec

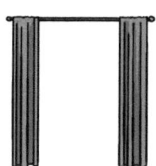

perde
závěs

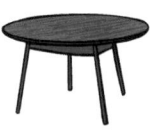

masa
stůl

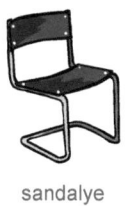

sandalye
židle

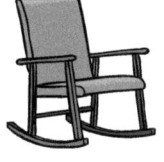

salıncaklı koltuk
houpací křeslo

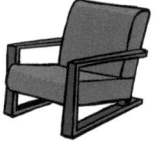

koltuk
křeslo

kitap

kniha

battaniye

strop

dekor

ozdoba

odun

palivové dříví

film

film

hi-fi

stereo souprava

anahtar

klíč

gazete

noviny

tablo

malba

poster

plakát

radyo

rádio

defter

poznámkový blok

elektrikli süpürge

vysavač

kaktüs

kaktus

mum

svíce

mutfak
kuchyně

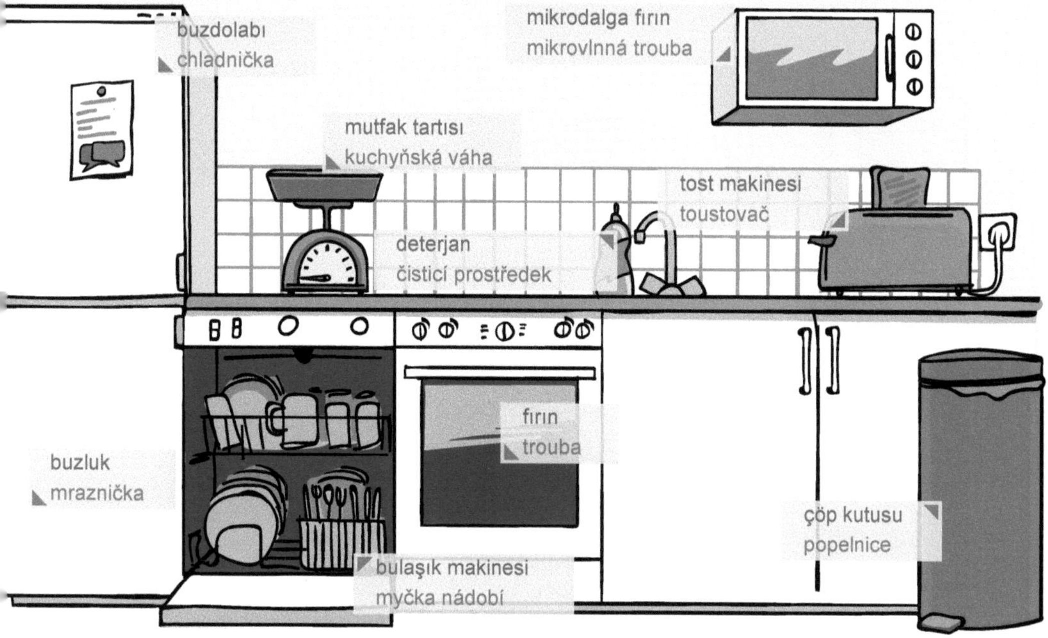
buzdolabı
chladnička
mikrodalga fırın
mikrovlnná trouba
mutfak tartısı
kuchyňská váha
tost makinesi
toustovač
deterjan
čisticí prostředek
fırın
trouba
buzluk
mraznička
çöp kutusu
popelnice
bulaşık makinesi
myčka nádobí

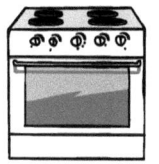

ocak
sporák

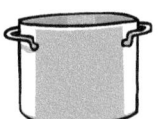

tencere
hrnec

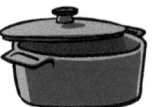

döküm tencere
litinový hrnec

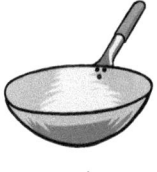

wok
wok / kadai

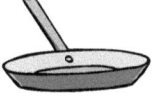

tava
pánev

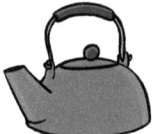

su ısıtıcı
varná konvice

buharlı pişirici
parní hrnec

pişirme tepsisi
plech na pečení

tabak takımı
nádobí

kupa
hrnek

kase
miska

çubuk (çin yemeği)
jídelní hůlky

kepçe
naběračka

spatula
obracečka

çırpma teli
metla

süzgeç
síto

elek
cedník

rende
struhadlo

havan
hmoždíř

barbekü
gril

açık ateş
ohniště

kesme tahtası

prkénko na krájení

merdane

váleček na těsto

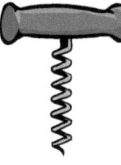

tirbüşon

vývrtka

konserve kutusu

dóza

konserve açacağı

otvírák na konzervy

fırın eldiveni

chňapka

evye

umyvadlo

fırça

kartáč na nádobí

sünger

houba

blender

mixér

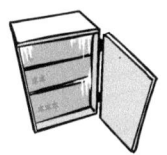

derin dondurucu

mrazák

biberon

dětská lahev

musluk

kohoutek

banyo
koupelna

ısıtma
topení
duş
sprcha
havlu
ručník
duş perdesi
sprchový závěs
köpük banyosu
pěnová koupel
küvet
vana
bardak
sklenička
çamaşır makinesi
pračka
musluk
kohoutek
fayans
obkladačky
lazımlık
nočník
evye
umyvadlo

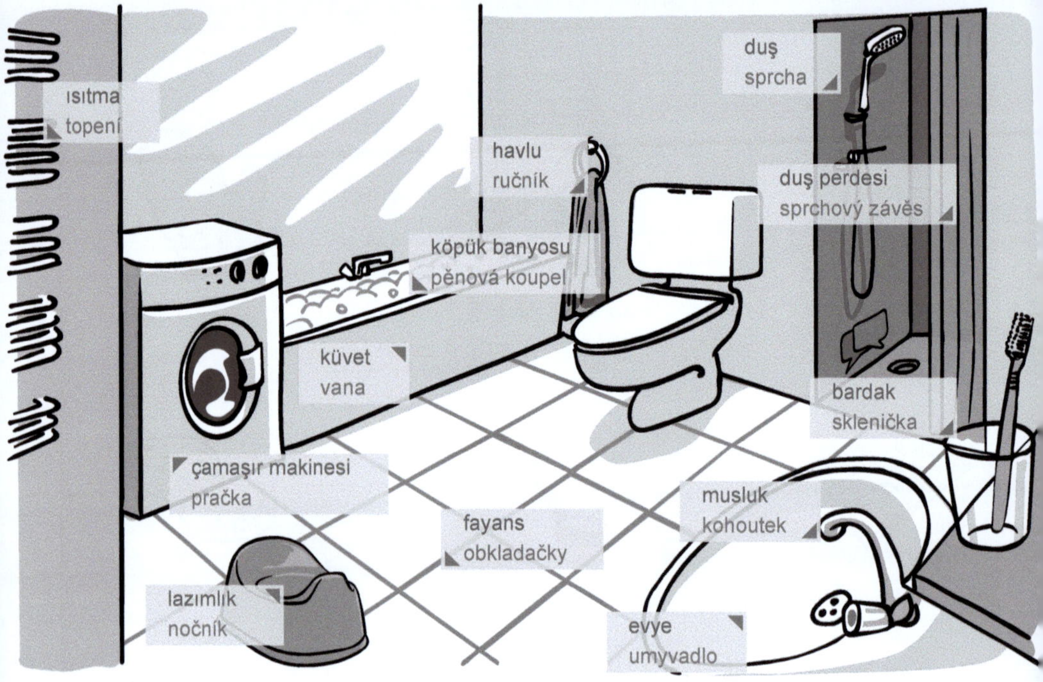

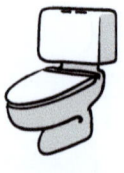

tuvalet

záchod

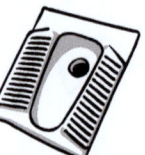

alaturka tuvalet

turecký záchod

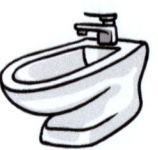

bide

bidet

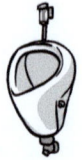

pisuvar

pisoár

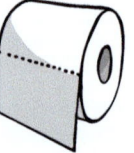

tuvalet kağıdı

toaletní papír

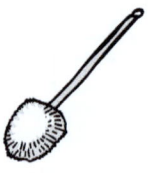

tuvalet fırçası

záchodová štětka

diş fırçası

zubní kartáček

diş macunu

zubní pasta

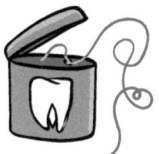

diş ipi

zubní niť

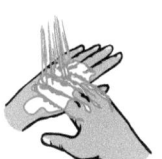

yıkamak

mýt

duş başlığı

ruční sprcha

duş başlığı şeklinde taharet musluğu

intimní sprcha

küvet

umyvadlo

banyo fırçası

kartáč na záda

sabun

mýdlo

duş jeli

sprchový gel

şampuan

šampón

banyo lifi

žínka

gider

odpad

krem

krém

deodorant

deodorant

ayna	el aynası	jilet
zrcadlo	kosmetické zrcátko	holicí strojek

tıraş köpüğü	tıraş losyonu	tarak
pěna na holení	voda po holení	hřeben

fırça	saç kurutma makinesi	saç spreyi
kartáč	fén	lak na vlasy

makyaj	ruj	tırnak cilası
makeup	rtěnka	lak na nehty

pamuk	tırnak makası	parfüm
vata	nůžky na nehty	parfém

makyaj çantası

taška s toaletními potřebami

tabure

stolička

tartı

váha

bornoz

župan

lastik eldiven

gumové rukavice

tampon

tampón

kadın pedi

dámská vložka

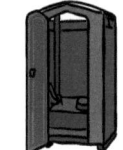

kimyevi tuvalet

chemická toaleta

çocuk odası
dětský pokoj

çalar saat
budík
peluş oyuncak
plyšová hračka
oyuncak araba
autíčko
çıngırak
chrastítko
bebek evi
domeček pro panenky
hediye
dárek

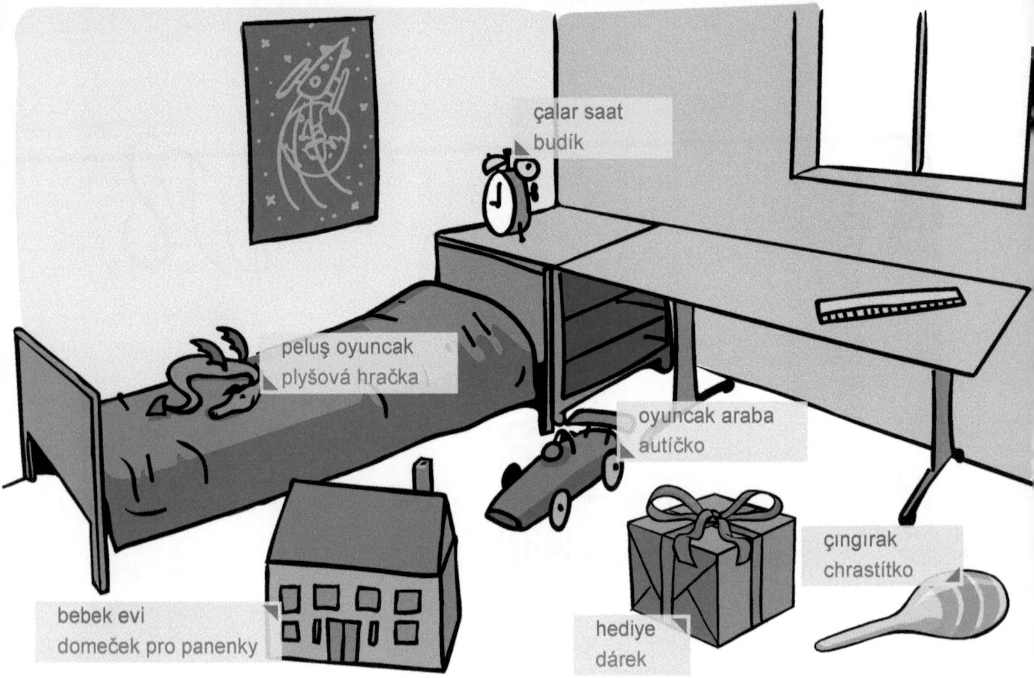

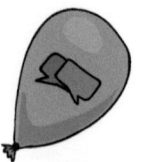

balon

balón

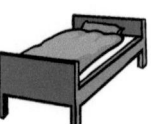

yatak

postel

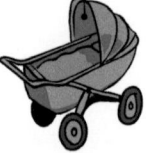

bebek arabası

kočárek

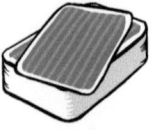

kart destesi

balíček karet

yapboz

puzzle

SUPER
MEGA

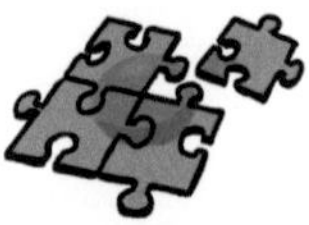

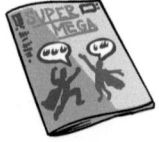

çizgi roman

komiks

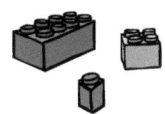

lego tuğlaları

lego kostky

lego blokları

stavebnice

aksiyon figürü

akční figurka

zıbın

dupačky

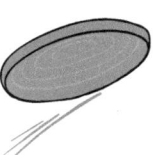

frizbi

frisbee

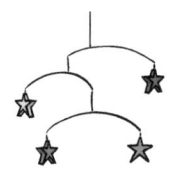

dönence

závěsné hračky nad postýlku

masa oyunu

desková hra

zar

kostky

model tren seti

modelová železnice

emzik

dudlík

parti

oslava

resimli kitap

obrázková kniha

top

míč

oyuncak bebek

panenka

oynamak

hrát si

kum havuzu

pískoviště

salıncak

houpačka

oyuncaklar

hračky

video oyun konsolu

hrací konzole

üç tekerlekli bisiklet

tříkolka

oyuncak ayı

medvídek

gardırop

šatník

kıyafet

oblečení

çorap

ponožky

külotlu çorap

punčochy

tayt

punčochové kalhoty

eşarp
šála

kemer
pásek

şemsiye
deštník

tişört
tričko

spor ayakkabı
tenisky

bot
kozačky

terlik
domácí obuv

sandalet
sandály

ayakkabı
obuv

lastik çizme
holínky

külot
spodní prádlo

sütyen
podprsenka

yelek
nátělník

kıyafet - oblečení

45

dar bluz

body

pantolon

kalhoty

kot pantolon

džíny

etek

sukně

bluz

blůza

gömlek

košile

kazak

svetr

süveter

mikina

blazer

blejzr

ceket

bunda

mont

kabát

yağmurluk

pláštěnka

kostüm

kostým

elbise

šaty

gelinlik

svatební šaty

takım elbise
oblek

gecelik
noční košile

pijama
pyžamo

sari
sárí

baş örtüsü
šátek na hlavu

türban
turban

burka
burka

kaftan
kaftan

çarşaf
abája

mayo
plavky

erkek mayosu
pánské plavky

şort
kraťasy

eşofman
teplákova souprava

önlük
zástěra

eldiven
rukavice

düğme

knoflík

gözlük

brýle

bilezik

náramek

kolye

náhrdelník

yüzük

prsten

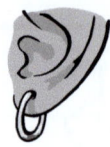

küpe

náušnice

kep

čepice

portmanto

ramínko

şapka

klobouk

kravat

kravata

fermuar

zip

kask

helma

pantolon askısı

kšandy

okul forması

školní uniforma

üniforma

uniforma

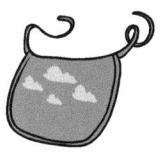

mama önlüğü

bryndák

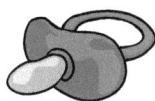

emzik

dudlík

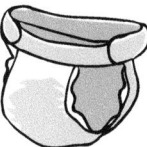

bebek bezi

plena

ofis
kancelář

sunucu
server
dosya dolabı
kartotéka
kağıt
papír
yazıcı
tiskárna
monitör
monitor
fare
myš
masa
psací stůl
klasör
šanon
klavye
klávesnice
kağıt çöp kutusu
odpadkový koš na papír
bilgisayar
počítač
sandalye
židle

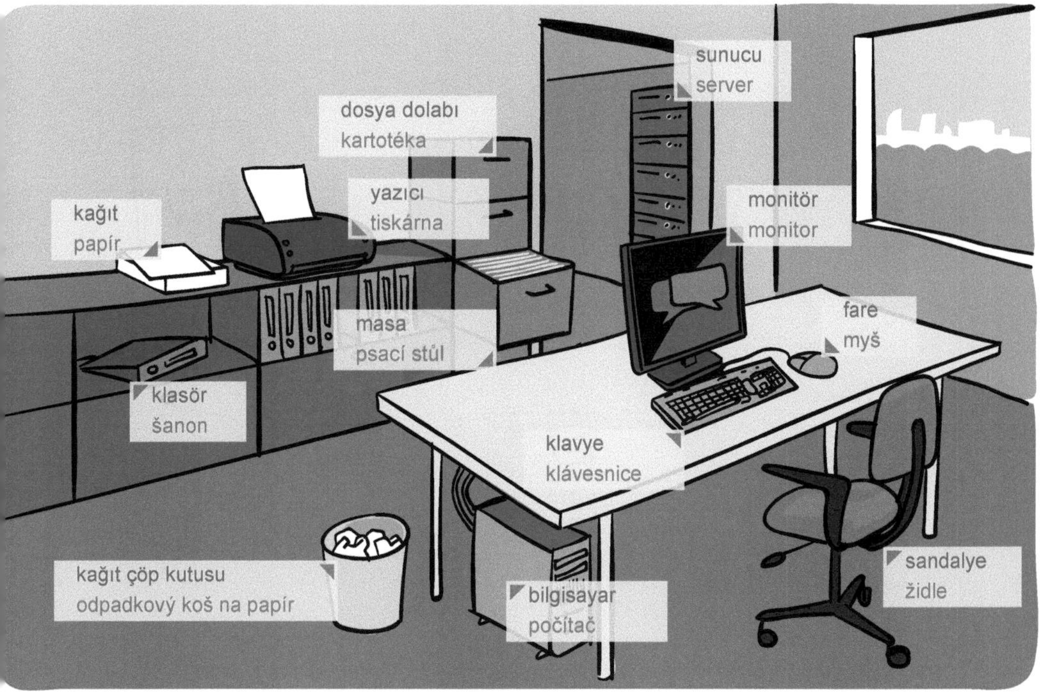

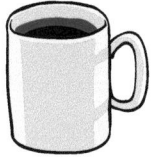

kahve fincanı

hrnek na kávu

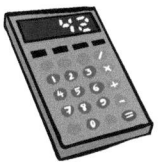

hesap makinesi

kalkulačka

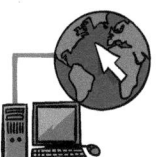

internet

internet

dizüstü	mektup	mesaj
notebook	dopis	zpráva

cep telefonu	ağ	fotokopi makinesi
mobil	síť	kopírka

yazılım	telefon	priz
software	telefon	zásuvka
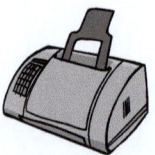		
faks makinesi	form	belge
fax	formulář	dokument

satın almak

nakupovat

ödemek

zaplatit

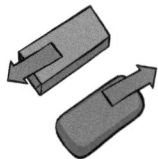

ticaret yapmak

jednat

para

peníze

 **USD**

dolar

dolar

 **EUR**

avro

euro

JPY

yen

jen

RUB

ruble

rubl

CHF

İsviçre frangı

frank

CNY

Çin yuanı

juan

INR

rupi

rupie

kasa

bankomat

döviz bürosu

směnárna

altın

zlato

gümüş

stříbro

petrol

olej

enerji

energie

fiyat

cena

kontrat

smlouva

vergi

daň

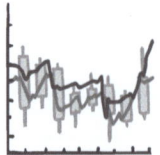

menkul değer

akcie

çalışmak

pracovat

işveren

zaměstnanec

işçi

zaměstnavatel

fabrika

továrna

mağaza

obchod

polis memuru
policista

itfaiyeci
hasič

aşçı
kuchař

doktor
lékař

pilot
pilot

bahçıvan

zahradník

marangoz

truhlář

terzi

švadlena

hakim

soudce

kimyager

chemik

aktör

herec

otobüs şoförü

řidič autobusu

taksi şoförü

řidič taxi

balıkçı

rybář

temizlikçi

uklízečka

çatı ustası

pokrývač

garson

číšník

avcı

myslivec

boyacı

malíř

fırıncı

pekař

elektrikçi

elektrikář

inşaatçı

stavební dělník

mühendis

inženýr

kasap

řezník

muslukçu

klempíř

postacı

listonoš

asker

voják

mimar

architekt

kasiyer

pokladní

çiçekçi

florista

kuaför

kadeřník

kondüktör

průvodčí

tamirci

mechanik

kaptan

kapitán

dişçi

zubař

bilim insanı

vědec

haham

rabín

imam

imám

keşiş

mnich

rahip

duchovní

çekiç
kladivo

penseler
kleště

tornavida
šroubovák

İngiliz anahtarı
klíč

el feneri
kapesní svítilna

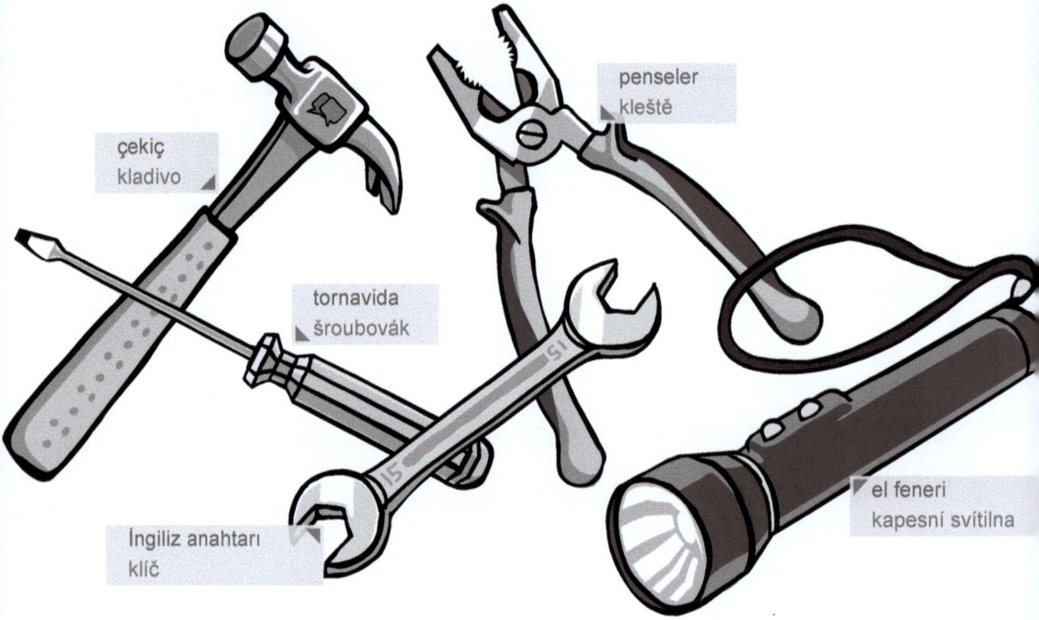

kazı makinesi

bagr

alet çantası

skříň na nářadí

merdiven

žebřík

testere

pila

çiviler

hřebíky

matkap

vrtačka

aletler - nářadí

tamir etmek

opravit

kürek

lopata

Kahretsin!

Kurva!

faraş

lopatka

boya tenekesi

vědroé na barvu

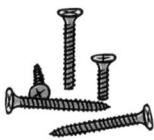

vidalar

šrouby

müzik enstrümanı
hudební nástroje

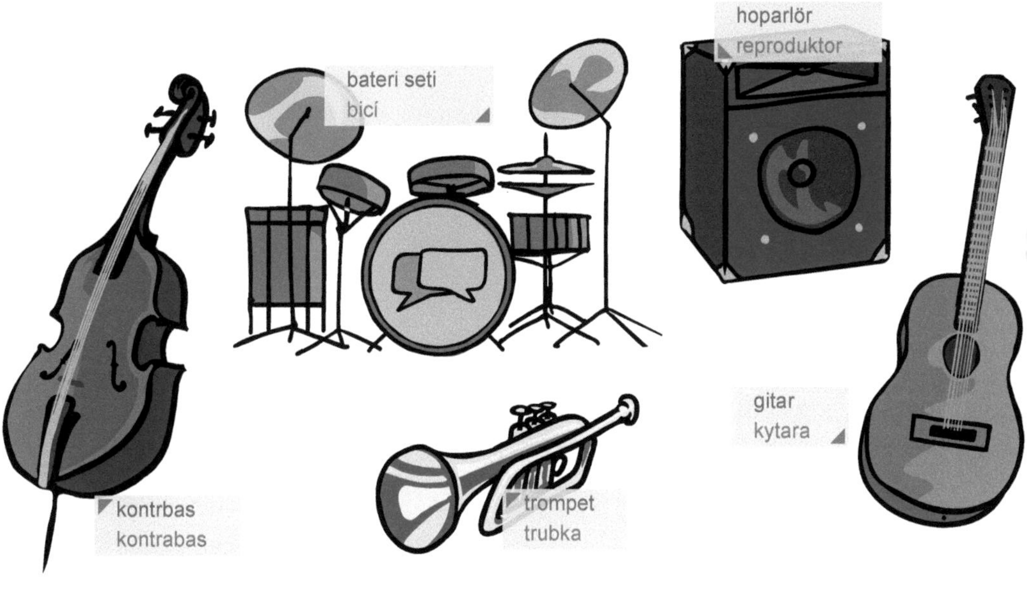

bateri seti
bicí

hoparlör
reproduktor

kontrbas
kontrabas

trompet
trubka

gitar
kytara

piyano

klavír

keman

housle

basgitar

basa

timpani

tympán

bateri

bubny

klavye

keyboard

saksafon

saxofon

flüt

flétna

mikrofon

mikrofon

hayvanat bahçesi

zoo

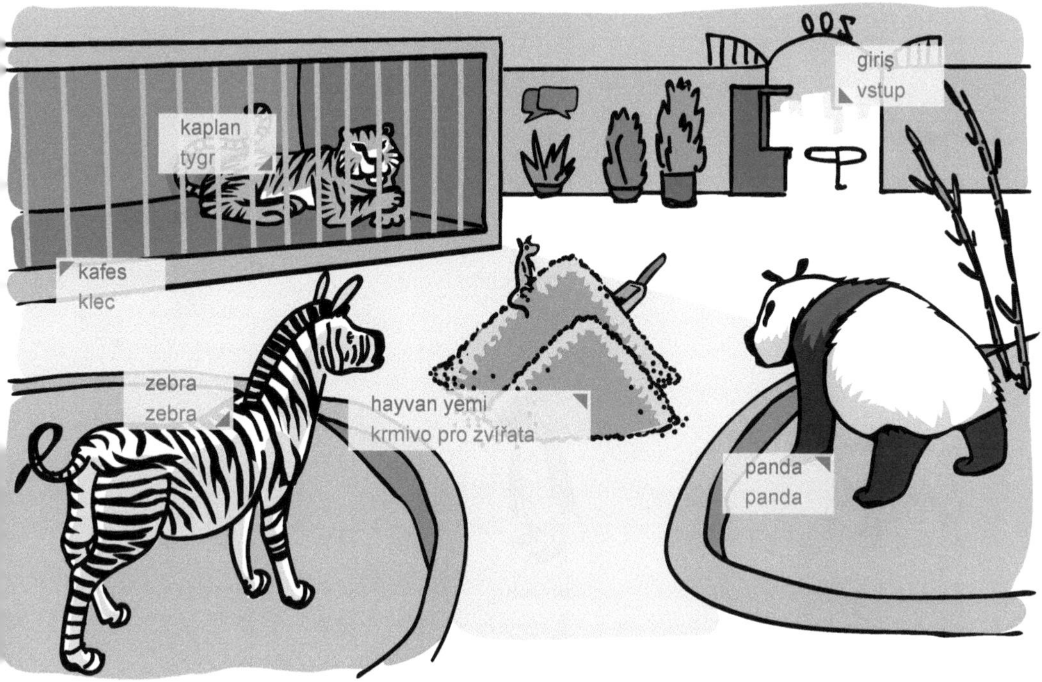

kaplan
tygr
giriş
vstup
kafes
klec
zebra
zebra
hayvan yemi
krmivo pro zvířata
panda
panda

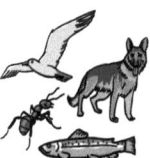

hayvanlar

zvířata

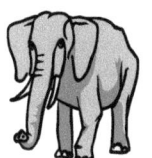

fil

slon

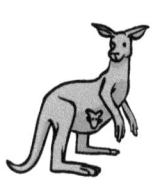

kanguru

klokan

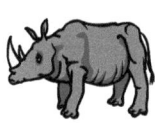

gergedan

nosorožec

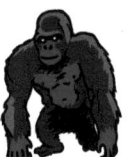

goril

gorila

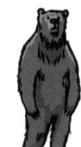

ayı

medvěd

deve

velbloud

deve kuşu

pštros

aslan

lev

maymun

opice

flamingo

plameňák

papağan

papoušek

kutup ayısı

lední medvěd

penguen

tučňák

köpek balığı

žralok

tavus kuşu

páv

yılan

had

timsah

krokodýl

hayvanat bahçesi görevlisi

ošetřovatel zvířat

fok

tuleň

jaguar

jaguár

midilli atı

poník

leopar

leopard

su aygırı

hroch

zürafa

žirafa

kartal

orel

yaban domuzu

divoké prase

balık

ryby

kaplumbağa

želva

mors

mrož

tilki

liška

ceylan

gazela

amerikan futbolu
americký fotbal

bisiklete binme
cyklistika

tenis
tenis

basketbol
košíková

yüzme
plavání

boks
box

buz hokeyi
lední hokej

futbol	badminton	atletizm
kopaná	badminton	lehká atletika

hentbol	kayak	polo
házená	běh na lyžích	vodní pólo

etkinlikler
aktivity

gülmek
smát se
atlamak
skočit
sarılmak
objímat
yürümek
jít
söylemek
zpívat
hayal etmek
snít
dua etmek
modlit se
öpmek
políbit

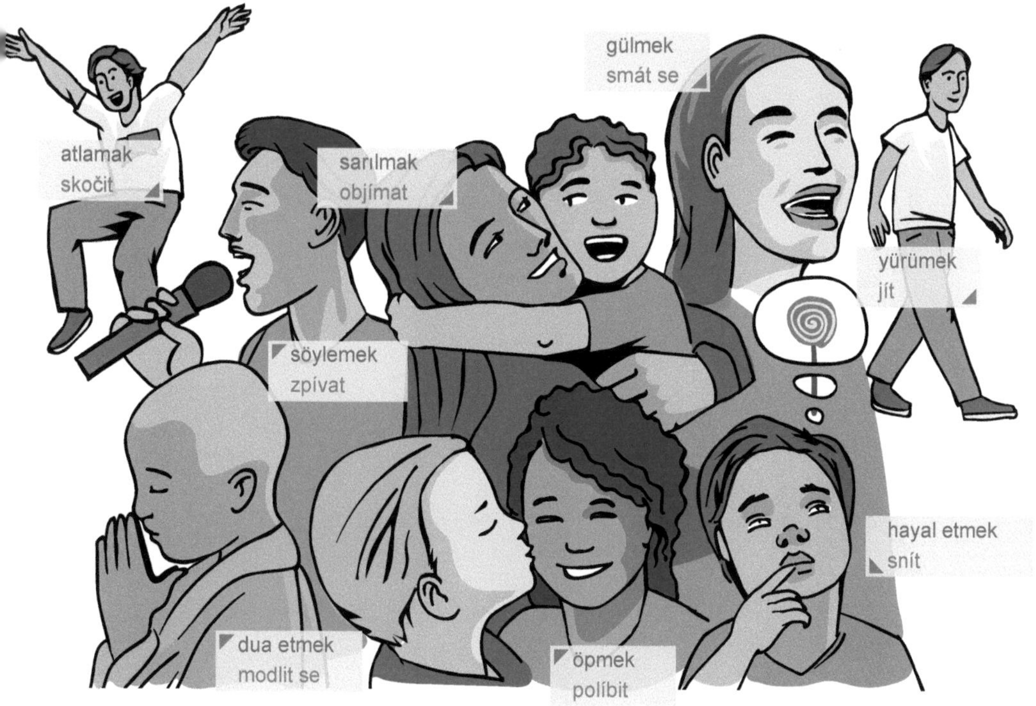

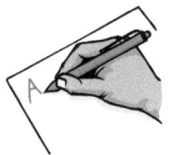

yazmak

psát

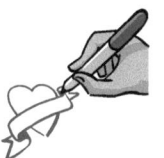

çizmek

kreslit

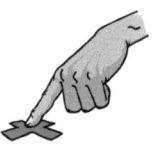

göstermek

ukazovat

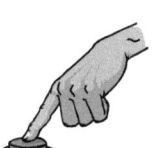

itmek

tlačit

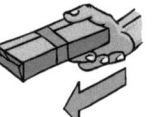

vermek

dát

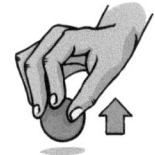

almak

vzít si

sahip olmak

mít

yapmak

dělat

olmak

být

ayakta durmak

stát

koşmak

běhat

çekmek

táhnout

atmak

hodit

düşmek

padat

yalan söylemek

ležet

beklemek

čekat

taşımak

nosit

oturmak

sedět

giyinmek

oblékat

uyumak

spát

uyanmak

vzbudit se

bakmak

prohlédnout si

ağlamak

plakat

vurmak

pohladit

taramak

česat

konuşmak

hovořit

anlamak

rozumět

sormak

ptát se

dinlemek

slyšet

içmek

pít

yemek

jíst

düzenlemek

uklidit

sevmek

milovat

pişirmek

vařit

sürmek

jet

uçmak

letět

denize açılmak

plachtit

hesapla

počítat

okumak

číst

öğrenmek

učit se

çalışmak

pracovat

evlenmek

vzít si

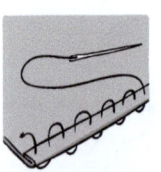

dikmek

šít

diş fırçalamak

čistit si zuby

öldürmek

zabít

sigara içmek

kouřit

yollamak

poslat

aile

rodina

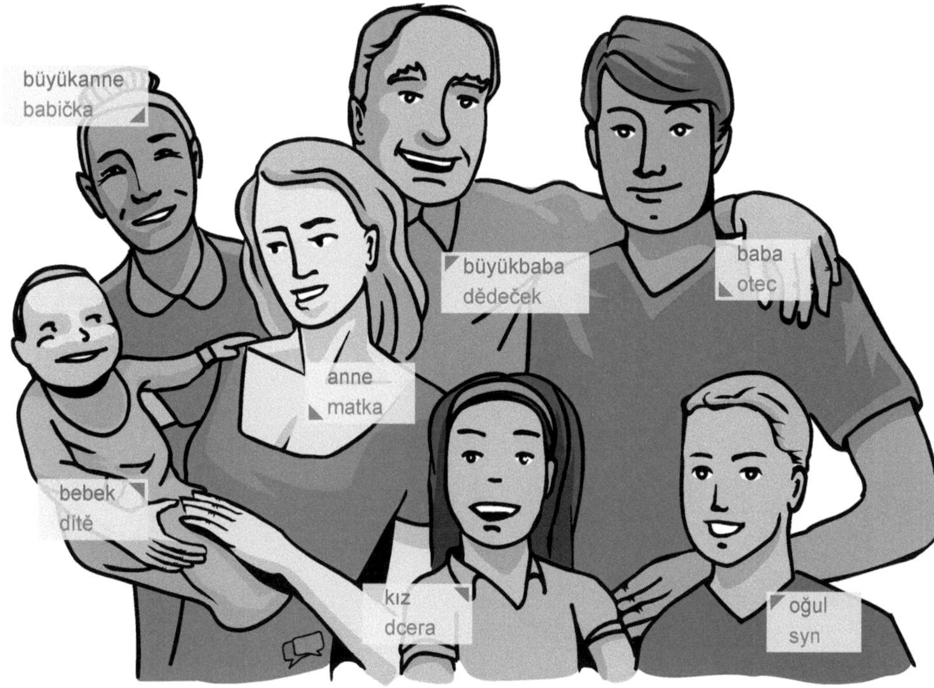

büyükanne
babička
büyükbaba
dědeček
baba
otec
anne
matka
bebek
dítě
kız
dcera
oğul
syn

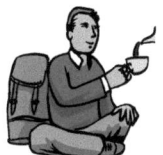

misafir

host

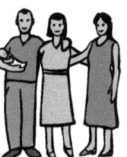

teyze

teta

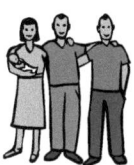

amca

strýc

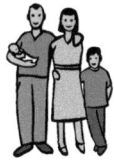

erkek kardeş

bratr

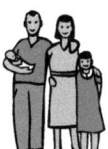

kız kardeş

sestra

vücut

tělo

alın
čelo
göz
oko
omuz
rameno
parmak
prst
yüz
obličej
çene
brada
el
ruka
bacak
dolní končetina
göğüs
hruď
kol
paže

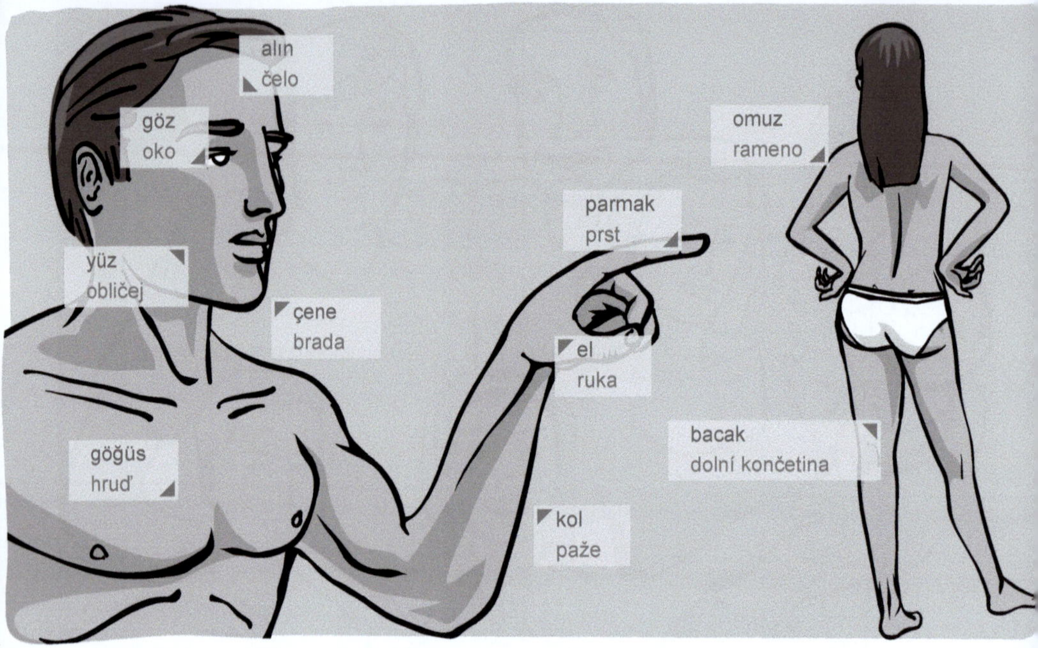

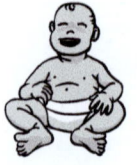

bebek

dítě

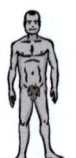

adam

muž

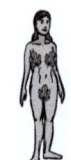

kadın

žena

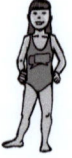

kız

dívka

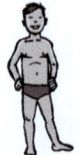

erkek çocuk

chlapec

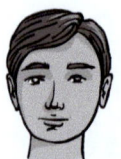

baş

hlava

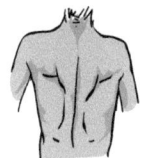

sırt
....
záda

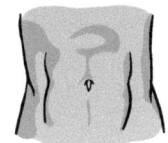

karın
....
břicho

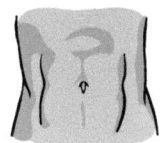

göbek
....
pupík

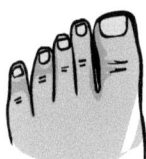

ayak parmağı
....
prst na noze

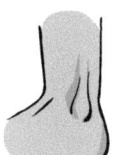

topuk
....
pata

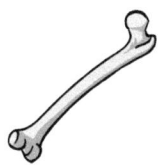

kemik
....
kost

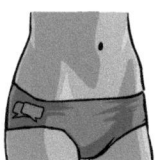

kalça
....
bok

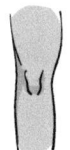

diz
....
koleno

dirsek
....
loket

burun
....
nos

kalça
....
zadek

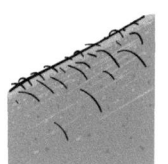

deri
....
kůže

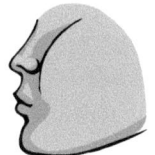

yanak
....
tvář

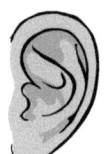

kulak
....
ucho

dudak
....
ret

ağız

ústa

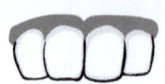

diş

zub

dil

jazyk

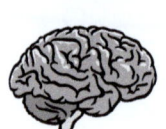

beyin

mozek

kalp

srdce

kas

sval

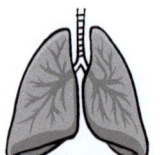

akciğer

plíce

karaciğer

játra

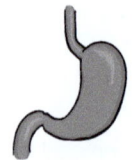

mide

žaludek

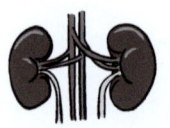

böbrekler

ledviny

seks

pohlavní styk

prezervatif

kondom

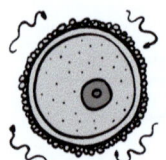

yumurtalık

vajíčko

sperm

sperma

hamilelik

těhotenství

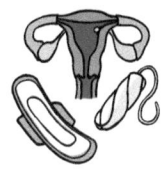

regl

menstruace

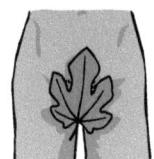

vajina

vagina

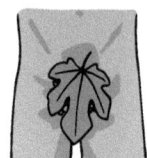

penis

penis

kaş

obočí

saç

vlasy

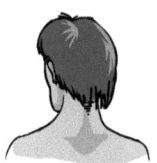

boyun

krk

hastane

nemocnice

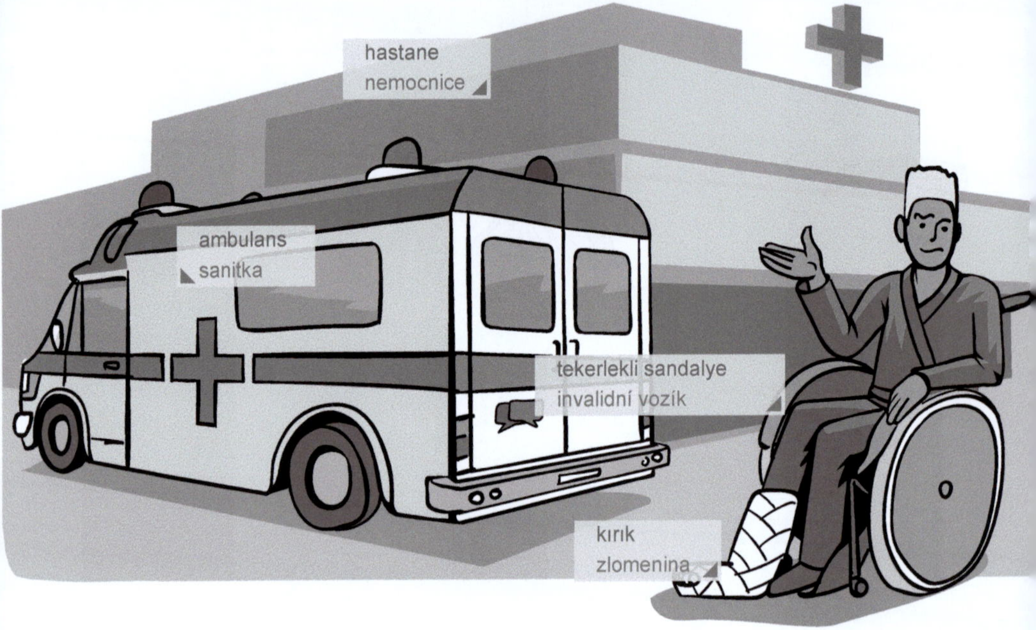

hastane
nemocnice
ambulans
sanitka
tekerlekli sandalye
invalidní vozík
kırık
zlomenina

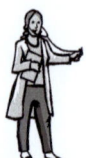

doktor

lékař

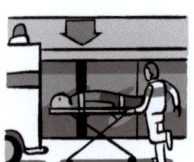

acil servis

pohotovost

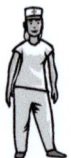

hemşire

zdravotní sestra

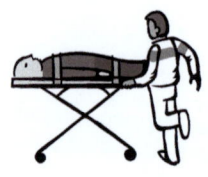

acil

urgentní případ

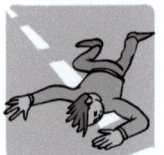

baygın

v bezvědomí

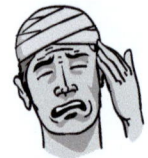

acı

bolest

yaralanma

úraz

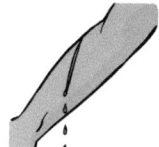

kanama

krvácení

kalp krizi

infarkt myokardu

felç

cévní mozková příhoda

alerji

alergie

öksürük

kašel

ateş

horečka

grip

chřipka

ishal

průjem

baş ağrısı

bolest hlavy

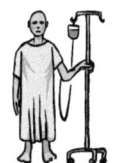

kanser

rakovina

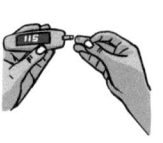

şeker hastalığı

cukrovka

cerrah

chirurg

neşter

skalpel

operasyon

operace

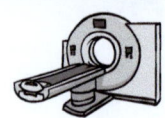

bilgisayarlı tomografi

CT

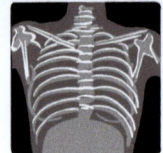

röntgen

rentgen

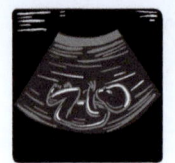

ultrason

ultrazvuk

yüz maskesi

maska

hastalık

nemoc

bekleme odası

čekárna

koltuk değneği

berle

yara bandı

náplast

bandaj

obvaz

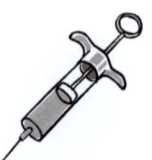

enjeksiyon

injekce

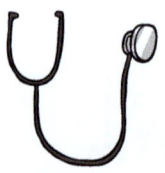

steteskop

stetoskop

sedye

nosítka

tıbbi termometre

teploměr

doğum

porod

fazla kilo

nadváha

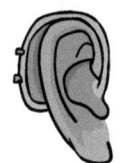

işitme cihazı

naslouchátko

dezenfektan

dezinfekční prostředek

enfeksiyon

infekce

virüs

virus

HIV / AIDS

HIV / AIDS

ilaç

lékařství

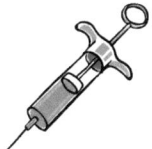

aşı

očkování

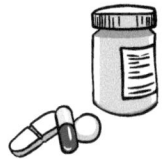

tablet

tablety

hap

pilulka

acil çağrı

tísňové volání

tansiyon aleti

tonometr

hasta / sağlıklı

nemocný / zdravý

İmdat!

Pomoc!

darp

přepadení

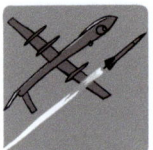

saldırı

napadení

tehlike

nebezpečí

acil çıkış

nouzový východ

Yangın!

Hoří!

yangın tüpü

hasicí přístroj

kaza

nehoda

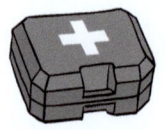

ilk yardım çantası

zdravotnická brašna

imdat

SOS

polis

policie

Avrupa

Evropa

Kuzey Amerika

Severní Amerika

Güney amerika

Jižní Amerika

Afrika

Afrika

Asya

Asie

Avustralya

Austrálie

Atlantik

Atlantik

Pasifik

Pacifik

Hint Okyanusu

Indický oceán

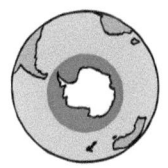

Antarktika Okyanusu

Jižní ledový oceán

Arktik Okyanusu

Severní ledový oceán

Kuzey Kutbu

severní pól

Güney Kutbu

jižní pól

Antarktika

Antarktida

dünya

země

kara

pevnina

deniz

moře

ada

ostrov

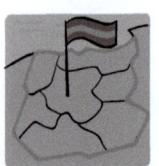

ulus

národ

ülke

stát

kadran

ciferník

akrep

hodinová ručička

yelkovan

minutová ručička

saniye ibresi

vteřinová ručička

Saat kaç?

Kolik je hodin?

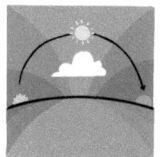

gün

den

zaman

čas

şimdi

teď

dijital saat

digitální hodinky

dakika

minuta

saat

hodina

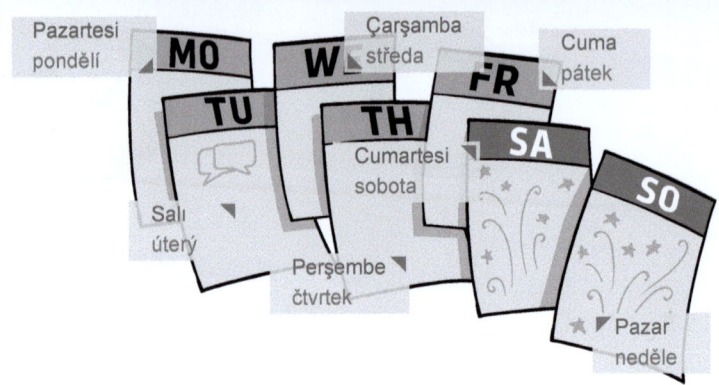

Pazartesi / pondělí
Çarşamba / středa
Cuma / pátek
Salı / úterý
Perşembe / čtvrtek
Cumartesi / sobota
Pazar / neděle

dün

včera

bugün

dnes

yarın

zítra

sabah

ráno

öğle

poledne

akşam

večer

iş günleri

pracovní dny

hafta sonu

víkend

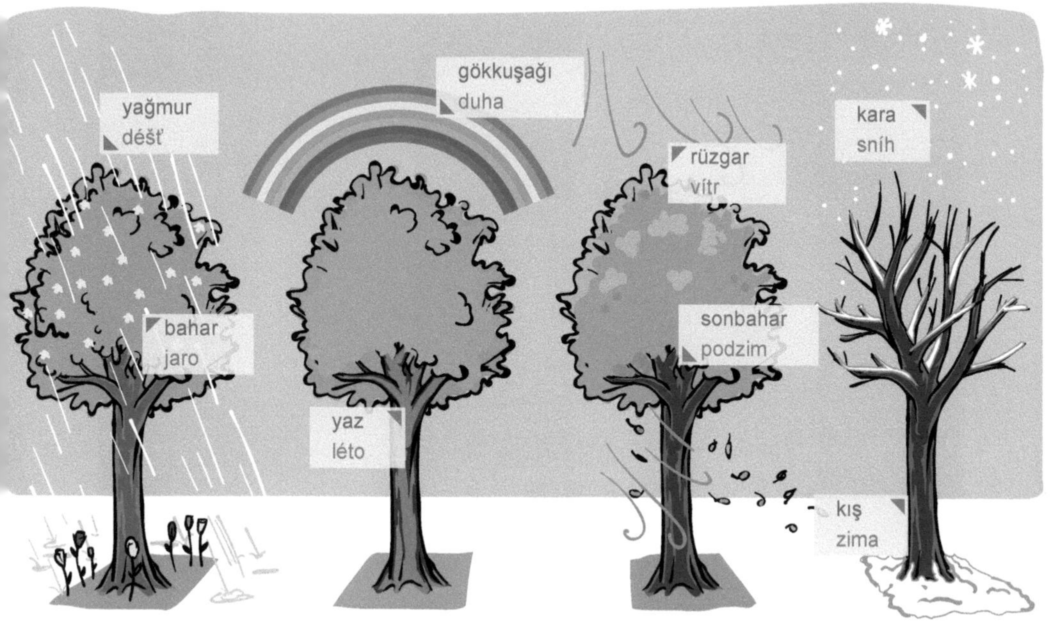

yağmur
déšť

gökkuşağı
duha

kara
sníh

rüzgar
vítr

bahar
jaro

sonbahar
podzim

yaz
léto

kış
zima

4.APRIL	11°	☀
5.APRIL	4°	☁
6.APRIL	13°	⛆
7.APRIL	8°	❄
8.APRIL	10°	☀

hava durumu tahmini

předpověď počasí

termometre

teploměr

güneş ışığı

sluneční svit

bulut

mrak

sis

mlha

nem

vlhkost

şimşek

blesk

gök gürültüsü

hrom

fırtına

bouřka

dolu

kroupy

muson

monzun

sel

povodeň

buz

led

Ocak

leden

Şubat

únor

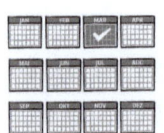

Mart

březen

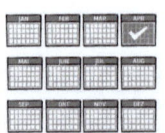

Nisan

duben

Mayıs

květen

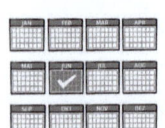

Haziran

červen

Temmuz

červenec

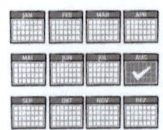

Ağustos

srpen

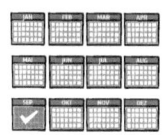

Eylül
....
září

Ekim
....
říjen

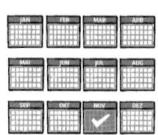

Kasım
....
listopad

Aralık
....
prosinec

daire
....
kruh

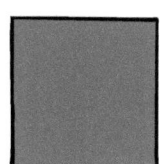

kare
....
čtverec

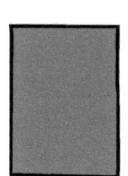

dikdörtgen
....
obdélník

üçgen
....
trojúhelník

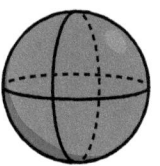

küre
....
koule

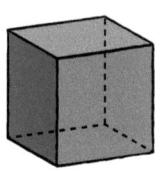

küp
....
krychle

beyaz

bílá

sarı

žlutá

turuncu

oranžová

pembe

růžová

kırmızı

červená

mor

fialová

mavi

modrá

yeşil

zelená

kahverengi

hnědá

gri

šedá

siyah

černá

çok / az
hodně / málo

kızgın / sakin
rozzuřený / mírumilovný

güzel / çirkin
krásný / ošklivý

başlangıç / son
začátek / konec

büyük / küçük
velký / malý

parlak / karanlık
světlý / tmavý

erkek kardeş / kız kardeş
bratr / sestra

temiz / kirli
čistý / špinavý

tamam / eksik
úplný / neúplný

gün / gece
den / noc

ölü / canlı
mrtvý / živý

geniş / dar
široký / úzký

yenilebilir / yenilemez

jedlý / nejedlý

kötü / iyi

zlý / hodný

heyecanlı / sıkılmış

vzrušený / znuděný

şişman / zayıf

tlustý / hubený

ilk / son

nejdříve / naposledy

dost / düşman

přítel / nepřítel

dolu / boş

plný / prázdný

sert / yumuşak

tvrdý / měkký

ağır / hafif

těžký / lehký

açlık / susuzluk

hlad / žízeň

hasta / sağlıklı

nemocný / zdravý

yasa dışı / yasal

ilegální / legální

zeki / aptal

inteligentní / hloupý

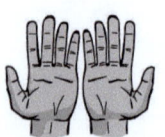

sol / sağ

vlevo / vpravo

yakın / uzak

blízko / daleko

yeni / kullanılmış

nový / použitý

hiçbir şey / bir şey

nic / něco

yaşlı / genç

starý / mladý

açma / kapama

zapnutý / vypnutý

açık / kapalı

otevřeno / zavřeno

sessiz / gürültülü

tichý / hlasitý

zengin / fakir

bohatý / chudý

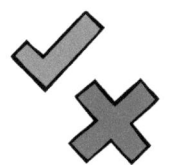

doğru / yanlış

správný / špatný

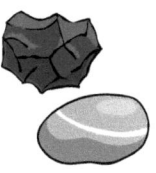

pürüzlü / düz

drsný / hladký

üzgün / mutlu

smutný / šťastný

kısa / uzun

krátký / dlouhý

yavaş / hızlı

pomalý / rychlý

ıslak / kuru

vlhký / suchý

sıcak / serin

teplý / chladný

savaş / barış

válka / mír

0

sıfır

nula

1

bir

jedna

2

iki

dva

3

üç

tři

4

dört

čtyři

5

beş

pět

6

altı

šest

7

yedi

sedm

8

sekiz

osm

9

dokuz

devět

10

on

deset

11

on bir

jedenáct

12

on iki

dvanáct

13

on üç

třináct

14

on dört

čtrnáct

15

on beş

patnáct

16

on altı

šestnáct

17

on yedi

sedmnáct

18

on sekiz

osmnáct

19

on dokuz

devatenáct

20

yirmi

dvacet

100

yüz

sto

1.000

bin

tisíc

1.000.000

milyon

milion

İngilizce

angličtina

Amerikan İngilizcesi

americká angličtina

Çince (Mandarin)

standardní čínština

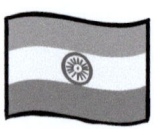

Hintçe

hindština

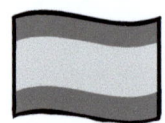

İspanyolca

španělština

Fransızca

francouzština

Arapça

arabština

Rusça

ruština

Portekizce

portugalština

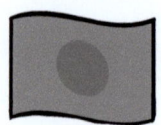

Bengalce

bengálština

Almanca

němčina

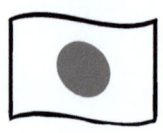

Japonca

japonština

ben

já

sen

ty

o

on / ona / ono

biz

my

siz

vy

onlar

oni

kim?

Kdo?

ne?

Co?

nasıl?

Jak?

nerede?

Kde?

ne zaman?

Kdy?

isim

jméno

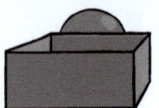

arkasında

za

içinde

do

önünde

z

üzerinde

nad

üstünde

na

altında

mezi

yanında

vedle

arasında

mezi

yer

místo